おつまみが晩ごはん！

小田真規子

ダイヤモンド社

はじめに

　プシュ！トクトクトク……。

　忙しい一日を終えて、食卓でグラスにビールを注ぐ。この瞬間がいちばんホッとする、という方は多いのではないでしょうか。

　もちろん、私もそのひとりです。レシピの考案や試作、撮影などで多忙な毎日。疲れてウチに帰って来て、大好きな黒ビールをしっかり冷やしたグラスに注ぐ。クイッと一口飲めば、それだけで気分も変わって、仕事で緊張していた気持ちも体もほぐれてくるような気がします。

　そんなとき、問題なのは晩ごはんです。

　料理家とはいえ、遅い時間に帰宅したときなどは、白米、メインディッシュ、サラダに汁物……と、品数をつくる気にはなれませんし、そもそも、そんなにお腹いっぱい食べたいわけでもありません。美味しいおつまみでお酒を楽しみ、お腹も適度に満たされればそれで満足。いわば、"おつまみ以上ごはん未満"で十分なのです。

　皆さんも、そうではありませんか？

　まずは、お刺身に野菜を添えたものを特製のタレで和える。ひとしきり飲んで、少しもの足りないときには、残ったおつまみをお茶漬けでいただく。あるいは、アヒージョを楽しんだ後、冷凍庫に常備したパスタを解凍して残ったソースのなかに入れて、ちょっとからめていただく……。こんな"おつまみ以上ごはん未満"のレシピ。考え始めると、さらにお酒がすすみます。

　本書は、こうして考えてきたおつまみレシピをご紹介するものです。皆さんに楽しんでいただくために、材料や調味料をより「シンプル」にして、より「簡単」につくれるレシピにしました。

　お酒好きの方から、忙しくて品数の多い晩ごはんをつくれない方、糖質カットのために白米を控えている方まで、「晩ごはん」を簡単でおいしく、楽しいものにしていただけると嬉しいです。

2018 年 1 月　　小田真規子

ご提案します！
晩ごはんは"おつまみ"でいい！

疲れて帰って、面倒な料理はムリ！

　白米にメインのおかず、サラダにみそ汁……。疲れて帰ってきて、そんな"フルコースの晩ごはん"をつくる気にはなれませんよね？　それに、そもそもそんなにガッツリ食べたいわけでもありません。それよりも欲しいのは、気の利いたおつまみとお酒。この本では、そんなあなたにピッタリのレシピをたくさんご紹介します！

簡単おつまみで、すぐ飲み始める！

　この本でご紹介するレシピは、どれもとても簡単。火を使わず、具材を切ってタレを混ぜるだけ。具材をお皿に並べて、レンジでチンするだけ……。そんなシンプルな手順だから、洗いものも少ない。お手軽なのに、すごく美味しいレシピばかりです。

おつまみなのにお腹も満足!

しかも、お酒を楽しんだあとに、残ったおつまみをご飯に乗せて"即席丼"にしたり、残ったソースに麺をからめていただくなど、ごはんにも"変身"できるようレシピを工夫しています。美味しくお酒を飲んで、お腹も大満足です。

「もう一品ほしい」ときも大丈夫!

メインのおつまみ一品では物足りない……。そんなときのために、この本では、週末に15分でできる「1週間分のつくりおきおつまみ」と、飲みながらでもできる超簡単「小つまみ」もご紹介しました。おつまみのバリエーションが増えると、晩ごはんがますます楽しくなります!

【ツマミン】おつまみの妖精。お酒が大好き。くちばしでおつまみをつまみ、酔うと千鳥足になるのが特徴。だれでもいいから飲む相手がほしくてさまよっている。普段は人間には見えないように気を付けているが、酔うとときどき見つかってしまう。それを見た人には幸運が訪れると言い伝えられている。

おつまみが晩ごはん！◉目次

はじめに 2

第1章　火を使わない！あっさりおつまみ

サーモンのゆずこしょう醤油　14
お刺身のざくざくなめろう　16
お刺身の薬味のせマリネ　18
お刺身とわかめのタバスコソース　20
タコぶつと長芋の明太和え　23
ザーサイのピータン豆腐風　24
アボカドといかそうめんのねぎ塩和え　26
スモークサーモンの豆腐白和えサラダ　28
お刺身のユッケ　30
お刺身セビーチェ　32

【コラム①】おいしいお茶漬けの作法　34

第2章　"チン"するだけ！こってりおつまみ

手羽先のスパイシー焼き　36
手羽元のカレー醤油煮込み　38
レンチン麻婆豆腐　40
豚切り身のトンテキ焼き　42
桜エビとひき肉のエスニック炒め　44

鶏肉のチーズダッカルビ 46
豚肉のねぎ蒸し梅だれ 48
豚バラの即席ねぎ巻き 50
長芋と豚肉の味噌だれはさみ蒸し 52
鶏チリ 54

【コラム②】レンジで最高の味をつくる方法 56

第3章 フライパンと小鍋で10分極上おつまみ

牛しゃぶのゆずとろろ 61
あさりのにんにくスープ鍋 62
切り身魚のアクアパッツァ 65
明太バターの温やっこ 66
ささみの海苔わさびマヨ 68
スプーン混ぜのつくね焼き 71
濃厚だれのしょうが焼き 72
豚とニラの卵とじ 74
かりかり醤油チキンソテー 76
ソーセージとじゃがいものアヒージョ 78
豚コマとキムチのチヂミ 80
ひき肉のチーズクリーム煮 82

【コラム③】お酒に合う味の基本 86
【コラム④】おすすめ薬味の調理法 88
【コラム⑤】おすすめスパイストッピング 90
【コラム⑥】おすすめ常備だれ 92

第4章　一品でも満腹！おつまみごはん

ひき肉とほうれん草の焼き飯　94
混ぜ混ぜチリオムライス　96
シンガポール春雨　98
うどんと野菜のビビン麺　101
ニラ醤油だれうどん　102
ピリ辛お好み麺　104
ベーコンとトマトのペペロンチーノ　106
酸辛塩焼きそば　108
バターすき焼きうどん　110
ペンネの青のりジェノベーゼ　112

【コラム⑦】ご飯・麺の賢い保存法　114

第5章　15分で1週間分！つくりおきおつまみ

切干大根とニラのさっぱりキムチ　116
キノコのお浸しピクルス　118
お刺身ミックスのオイル漬け　120
おつまみガーリック豆腐マリネ　122
おつまみポテトサラダ　124
らーめん卵・ニラ卵　126
ゆでレバーのソース漬け　128

【コラム⑧】「つくりおき」に使える保存容器　130

第6章　酔っててもできる！"超"簡単おつまみ

アボカドゆかり　132
ハムセロリ　132
オニスラもずく　134
水菜塩昆布　135
焼きにんじんのおかかバター　136
ベーコン巻　137
にんにくキャベツ　138
トマトとろろ　139
納豆ディップ　140
明太トースト　140
きゅうりの梅にんにく和え　142
ソーセージの腸詰風　143
のりキムチー　144
ザーサイ卵　145
焼き鶏マヨ　146
ソーセージのチリケチャ炒め　147

【コラム⑨】簡単アレンジ小つまみ　148

おわりに　158

[料理スタッフ] 清野絢子（スタジオナッツ）
[スタイリング] 阿部まゆこ
[ブックデザイン] 奥定泰之
[写真] 志津野裕計・石橋瑠美（クラッカースタジオ）
[イラスト・漫画] 伊藤ハムスター
[編集] 田中　泰

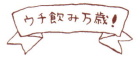

まっすぐ帰って、
ゆっくり飲もう。

連日の残業、お疲れ様です。
仕事が終わって、フーッと一息つくと、
「お酒が飲みたいなぁ」
「お腹も減ったなぁ」と、
ついつい行きつけの居酒屋に足が向かうもの。
だけど、外で飲むと疲れませんか？
飲み過ぎてしまうこともあるはず。
それよりも、まっすぐおウチに帰って、
手軽なおつまみでお腹を満たしつつ、
お酒を楽しんだほうが、
身も心もゆっくりと休まります。

本書の決まり

● 1 カップ＝ 200ml、大さじ 1 ＝ 15ml、小さじ 1 ＝ 5ml

● 第 2 章 は、耐熱皿：直径 20cm、耐熱ボウル：直径 20cm、電子レンジ出力：600w。500w の電子レンジを使用される方は、時間を 1.2 倍にしてください。

● 第 3 章では、フライパン：直径 20cm、小鍋：直径 16 ～ 20cm を使用しています。

● 第 4 章では、フライパン：直径 26cm を使用しています。

● 第 5 章の「つくりおきおつまみ」は、すべて冷蔵庫で 1 週間保存が可能です。

● 第 6 章では、フライパン：直径 20cm を使用しています。

1章 火を使わない！あっさりおつまみ

サーモンのゆずこしょう醤油

お茶漬けにすると柚子の香りが立ち上る

ビール　日本酒　白ワイン

材料　1～2人分

サーモン（お刺身用）…100g
水菜（4cm 長さに切る）…20g
酢…小さじ 1
白いりゴマ…小さじ 2

たれ

ゆずこしょう…小さじ 1/2
しょうゆ…小さじ 2

つくり方

❶サーモンのお刺身用はそのまま、あるいは 1cm 幅の
　棒状に切る。
❷ボウルに❶を入れて【たれ】を混ぜる。
❸水菜を和え、ごま・酢をからめる。

しめ

ご飯のせ　お茶漬け

サーモンの替わりに、タイやブリなどでもおいしくいた
だける。

お刺身のざくざくなめろう

濃厚な旨味とねっとりした食感がクセになる

ビール　日本酒　焼酎

材料　1～2人分

お刺身ミックス（白身、まぐろ、いかなど混ざったもの）…100g
長ねぎ…1/5 本（20g）
練りわさび…小さじ1
焼きのり…適宜

たれ

しょうがのすりおろし（チューブ）…3cm 分
味噌…大さじ1
砂糖…小さじ 1/2

つくり方

❶お刺身は、まな板に広げて包丁で端から1cm幅に切る。まな板の端
　で長ねぎは小口切りにする。

❷まな板の上で❶を合わせて、【たれ】をのせ、お好みの粗さに包丁で
　刻む。

❸❷を盛りつけて、のりに巻いていただく。お好みでわさびを加える。

しめ

ご飯のせ　お茶漬け

お刺身の魚の種類が豊富だと、その分食感も旨味もより楽しめる。

お刺身の薬味のせマリネ

塩昆布の風味でご飯のせもめちゃ美味い

日本酒　白ワイン　焼酎

材料　1〜2人分

お刺身ミックス（白身、まぐろ、いかなど混ざったもの）…100g

万能ねぎ（小口切り）…2〜3本分（10〜15g）

しょうがのすりおろし（チューブ）…3cm分

塩昆布（粗く刻む）…ひとつかみ（3g）

こしょう…少々

たれ

サラダ油…小さじ2

酢…小さじ1

薄口しょうゆ…小さじ1

練りからし…小さじ1/2

つくり方

❶お刺身は、そのまま器に広げて盛る。

❷万能ねぎ、しょうがのすりおろし、塩昆布を全体に広げて散らす。

❸【たれ】を混ぜて❷にかけ、こしょうをふり、10分程度置いて味をなじませていただく。

しめ

ご飯のせ　お茶漬け

しょうが、塩昆布、練りからしなど、冷蔵庫の"ストック素材"が味わいのアクセントに。

お刺身とわかめのタバスコソース

おなじみの素材なのに新鮮な味わい

ビール　白ワイン　日本酒　サワー

材料　1～2人分

お刺身ミックス（白身、まぐろ、いかなど混ざったもの）…100g

乾燥わかめ…小さじ2

たまねぎ（薄切り）…1/4個分（50g）

万能ねぎ（斜め切り）…適宜

たれ

しょうゆ…小さじ2

オリーブ油…小さじ2

タバスコ…10～15ふり

つくり方

❶わかめは、1/2カップ程度の水に5分つけ、水気を切る。

❷ボウルに、お刺身を入れ、【たれ】を加え混ぜる。

❸❷にわかめ、たまねぎを加えて和えて盛り付け、万能ねぎを散らす。

しめ

ご飯のせ　お茶漬け

お刺身をタコのブツ切りや赤身のまぐろに替えるとエスニック風の味わいになる。

タコぶつと長芋の明太和え

"ねっとり""シャキシャキ"
"プチプチ"の食感がたまらない

焼酎　日本酒　白ワイン　ハイボール

材料　1〜2人分

ゆでダコのお刺身またはぶつ切り…100g
長芋（3mm角程度の粗みじん）…正味 50g
明太子（ちぎる）…30g
カイワレ（根元を切る）…10g

たれ

薄口しょうゆ…小さじ1
酢…小さじ1
オリーブ油…小さじ1

つくり方

❶ボウルに長芋とタコを入れ、【たれ】を加え混ぜる。
❷明太子とカイワレを加え、さらに和える。

しめ

ご飯のせ　お茶漬け

"シャキシャキ感"を残すために、長芋は粗めに刻むのがよい。タコに替えてイカや白身魚でもおいしくいただける。

ザーサイのピータン豆腐風

エスニック風味のあっさりおつまみ

[ビール] [白ワイン] [焼酎] [日本酒]

材料　1〜2人分

木綿豆腐…1/2 丁（150g）
ザーサイ（粗く刻む）…30g
長ねぎ（粗みじんに切る）…1/5 本（20g）
温泉卵…1 個
香菜（ざく切り）…適宜

たれ

ごま油…小さじ 2　　　　　塩…小さじ 1/4 〜 1/3
酢…小さじ 1　　　　　　　ラー油…小さじ 1/4

つくり方

❶豆腐は 4 等分にちぎり、ペーパータオルの上にのせて軽くつぶし、水気を切る（140g 程度になる）。

❷❶をボウルに入れ、ザーサイ、長ねぎ、【たれ】を加え、ざっくり和えるように混ぜる。

❸❷を盛りつけて、温泉卵をのせ、香菜を散らす。混ぜながらいただく。

しめ

ご飯のせ

絹ごし豆腐よりも、水分の少ない木綿豆腐がおすすめ。ざっくり和えたほうが、食感と香りを楽しめる。

アボカドといかそうめんのねぎ塩和え

噛めば噛むほど味わいが深まる

白ワイン　日本酒　ハイボール　ビール

材料　1〜2人分

アボカド…1/2個（80g）

いかそうめん…100g

レモン（くし切り）…1切れ

たれ

長ねぎ（みじん切り）…1/3本（30g）

塩…小さじ1/2

こしょう…小さじ1/8

ごま油…小さじ1

白すりゴマ…小さじ1/2

つくり方

❶ ボウルに【たれ】を混ぜ合わせ、10分程度置いて味をなじませ、いかを加えて混ぜる。

❷ アボカドは皮をむいて薄切りにする。

❸ ❷を盛り付けて、その上に❶のいかを盛り、レモンを絞りながらいただく。

しめ

ご飯のせ　お茶漬け　そうめん

ご飯にのせたりお茶漬けにするときは、しょうゆを加えるとさらに味わいがよくなる。冷たいそうめんと和えてもおいしい。

スモークサーモンの豆腐白和えサラダ

さわやかな口当たりでお酒がすすむ

`白ワイン` `日本酒` `焼酎` `ハイボール`

材料 1～2人分

スモークサーモン（粗くちぎる）…6～8枚（70g）

木綿豆腐…1/2 丁（150g）

きゅうり…1本（100g）

乾燥わかめ…小さじ 2

たれ

オリーブ油…小さじ 2

しょうゆ…小さじ 2

練りわさび…大さじ 1/2

つくり方

❶きゅうりは塩を小さじ 1（分量外）をからめてもんで、さっと水洗いし水気を切る。ヘラでつぶして手で一口大に割る。

❷豆腐はボウルに入れて崩して、わかめと【たれ】を加えてよく混ぜる。

❸❷に❶とスモークサーモンを加え、ざっくり和える。

しめ

ご飯のせ

スモークサーモンの替わりに生ハムやハムでもおいしい。練りわさびを練りからしにしてもよい。

お刺身のユッケ

お手軽調味料で本格ユッケ風

`ビール`　`焼酎`

材料 1〜2人分

お刺身ミックス（白身、まぐろ、いかなど混ざったもの）…100g
ミニトマト（ヘタをとって横半分に切る）…4個
香菜またはしそ（ちぎる）…適宜
卵黄…1個

たれ

にんにくのすりおろし（チューブ）…2cm分
しょうがのすりおろし（チューブ）…2cm分
一味唐がらし…小さじ1/5（15ふり）
しょうゆ…小さじ2
ごま油…小さじ2

つくり方

❶ボウルにお刺身を入れ、【たれ】を加えて混ぜる。
❷ミニトマトと香菜を加え、さらに和える。
❸盛りつけて卵黄をのせ、混ぜながらいただく。

しめ

ご飯のせ　うどん　そうめん

冷たいそうめんやうどんにのせれば「ビビン麺」風になる。

お刺身セビーチェ

フランスパンとよく合うビストロ風おつまみ

白ワイン **ハイボール**

材料 1〜2人分

お刺身ミックス（白身、まぐろ、いかなど混ざったもの）…100g
たまねぎ（みじん切り）…1/4 個（50g）
ピーマン（みじん切り）…1/2 個（15g）
レモン（くし切り）…1 切れ

たれ

塩…小さじ 1/4
オリーブ油…大さじ 1
粒マスタード…大さじ 1
こしょう…少々

つくり方

❶ お刺身は、そのまま器に広げて盛り付ける。
❷ たまねぎとピーマンを全体に広げて散らす。
❸【たれ】を上から順に全体にふり、10 分程度置いて味をなじませる。
　レモンを絞り、混ぜながらいただく。

しめ

バゲット

野菜は、セロリ、長ねぎ、きゅうり、パプリカなどに替えてもおいしい。
別にドレッシングをつくらなくても、野菜がお刺身によくなじむ。

コラム❶
おいしいお茶漬けの作法

熱々のお茶で"味わい"が増す！

　"おつまみ鉄板味"は、ちょっと塩分濃いめで、香りやスパイス感が強く、少しオイリー。残ったおつまみをご飯にのせれば、当然うまい。ご飯に肉汁や旨みを吸ったソースがしみ込んで何とも深い味わいの「小丼」になります。

　そして、お茶漬けにすれば、のせたおつまみの味わいがゆっくりお茶やお湯に溶け込んで、それが新たなスープになります。

　ポイントは、とにかく熱々のお茶（白湯）を入れること。熱々のお茶やお湯をかけることで、生の野菜や薬味は香りが立って甘みが出ますし、肉や魚はふんわり柔らかく食感が変わります。のりやわさび、刻みゴマなど香りの立つ素材をのせると、さらに上等な味わいになります。

2章 "チン"するだけ！こってりおつまみ

材料を切って並べて"チン"するだけ！

手羽先のスパイシー焼き

濃厚ピリ辛風味でビールが止まらない

ビール　ハイボール　サワー　焼酎

材料 1〜2人分

鶏手羽先（キッチンバサミで骨に沿って切れ目を入れる）
　…4本（240〜250g）

長ねぎ（5cm長さに切る）…1/2本（50g）　　小麦粉…大さじ2

サラダ油…大さじ2　　　　　　　　　　　　サニーレタス…適宜

たれ

しょうゆ…大さじ1・1/2　　　砂糖…小さじ1

にんにくのすりおろし…1かけ（10g）

七味唐がらし…小さじ1/2　　　あら挽き黒こしょう…小さじ1/2

つくり方

❶ ボウルに手羽先と長ねぎを入れ、【たれ】をよくからめ、5分程度置く。

❷ 手羽先にだけ小麦粉をまぶし、耐熱皿の周囲に皮目を上にして並べ、中央にねぎをのせる。

❸ 全体に油をふりかけ、ラップをしないで、電子レンジで7分30秒加熱する。箸などで鶏肉の上下を返して【たれ】をからめ器に盛る。ちぎったサニーレタスを添える。

しめ

ご飯のせ

骨にそってキッチンバサミで切り目を入れると、火の通りがよくなり、食べやすくもなる。味も染み込みやすいので、ひと手間かけたいところ。

手羽元のカレー醤油煮込み

ホッとする "煮込み風" 絶品おつまみ

ビール **ハイボール** **サワー**

材料　1〜2人分

鶏手羽元（キッチンバサミで骨に沿って切れ目を入れる）
　…4本（240〜250g）
片栗粉…小さじ1
ピーマン（手で4つにちぎる）…1個　（30g）

たれ

しょうゆ…大さじ1・1/2　　　砂糖…小さじ2
カレー粉…小さじ1　　　　　水…大さじ1

つくり方

❶耐熱皿に手羽元を置き、片栗粉をまぶし、皿の周囲に並べ、中央にピーマンを乗せる。

❷【たれ】をよく混ぜ合わせて手羽元に均等にふりかけ、ふんわりラップをして、電子レンジで6分加熱する。

❸ラップをはずし、箸などで手羽元の上下を返し、照りがつくまで【たれ】をからめる。

しめ

ご飯のせ

加熱したあと、カレー醤油の【たれ】をしっかりからめるのがおいしくいただくコツ。【たれ】のよくからんだピーマンも格別の美味しさ。

レンチン麻婆豆腐

驚き！アッという間にできる本格麻婆

`ビール` `焼酎` `ハイボール` `赤ワイン` `サワー`

材料　1〜2人分

木綿豆腐（8等分に切る）…1丁（300g）

粉さんしょう…少々　　　　　あら挽き黒こしょう…少々

たれ

豚ひき肉…100g

長ねぎ（粗みじんに切る）…1/3本（30g）

しょうが（粗みじんに切る）…1かけ（10g）

味噌…大さじ2　　　　　　　しょうゆ…小さじ1

砂糖、ごま油、豆板醤…各小さじ2　　片栗粉…小さじ2

つくり方　57ページ

❶耐熱ボウルに【たれ】を順に入れてスプーンでよく混ぜ合わせ、ボウルの形に沿って平らに押し広げる。

❷中央に豆腐を入れ、ふんわりラップをして電子レンジで7分加熱する。

❸ラップをはずし、スプーンなどでひき肉をくずしながら、全体にとろみがつくまで混ぜ、豆腐にからめる。器に盛り、粉さんしょう、あら挽き黒こしょうをふる。

しめ

ご飯のせ　中華麺

麻婆あんを崩しながら混ぜてから豆腐をからめるとよい。ご飯はもちろん、インスタントラーメンにのせるのもオツ。

豚切り身のトンテキ焼き

ご飯にかけても最高に旨いスパイシーなタレ

ビール　ハイボール　赤ワイン

材料　1～2人分

豚肉とんかつ用肉（肩ロースまたはロース）…1枚（120～130g）

小麦粉…小さじ2

キャベツ（大きめにちぎる）…1～2枚

練りからし…適宜

たれ

ウスターソース…大さじ2　　　しょうゆ…小さじ1

砂糖…小さじ1

つくり方

❶豚肉にラップをかぶせて約20回たたき、3～4等分に切る。

❷耐熱皿に❶を置き、小麦粉をまぶし、皿の周囲に並べ、混ぜ合わせた【たれ】をふりかけ、ふんわりラップをして、電子レンジで4分加熱する。

❸ラップをはずし、箸などで豚肉の上下を返し、【たれ】をよくからめ照りをつける。キャベツをのせた器に汁ごと盛り、練りからしを添える。

しめ

ご飯のせ　バゲット

豚肉はこぶしで叩くと柔らかくなるだけでなく、火の通り、調味料のからみもよくなる。ソースは、中濃ソースよりウスターソースのほうがスパイシーなのでおつまみに向く。

桜エビとひき肉のエスニック炒め

エビの香りがフワーッと口の中に広がる

ビール　白ワイン　焼酎　ハイボール　サワー

材料　1〜2人分

シメジ（小房に分ける）…1パック（100g）

きゅうり（薄切り）…1/2本分（50g）

パプリカ（細切り）…1/4個分（40g）　　　　　レタス…2〜3枚

たれ

鶏ひき肉…100g　　　　長ねぎ（粗みじんに切る）…1/2本（50g）

桜エビ（粗みじんに切る）…大さじ2（6g）

塩…小さじ1/2　　　しょうゆ…小さじ1　　　砂糖…小さじ1

ごま油…小さじ1/2　　　片栗粉…小さじ1/2

つくり方

❶耐熱ボウルに【たれ】を順に入れてスプーンでよく混ぜ合わせ、ボウルの形に沿って平らに押し広げる。

❷シメジを中央に乗せ、ラップをしないで電子レンジで6分加熱する。スプーンなどでひき肉をくずしながら、一気に混ぜて均一なそぼろ状にする。

❸野菜と盛り合わせ、一緒にレタスと巻いていただく。

しめ

ご飯のせ

レタスの替わりにサンチェやサニーレタスもおすすめ。温かいご飯とガッツリ混ぜて、混ぜごはん風にするのもおすすめ。

鶏肉のチーズダッカルビ

トロ～リとしたチーズがキムチ味を引き立てる

ビール　白ワイン　ハイボール　焼酎　サワー

材料　1～2人分

鶏もも肉（余分な脂を除き、1枚を6等分に切る）…1枚（250g）

キムチ…50g

ミックスチーズ…20g

サニーレタス…適宜

たれ

味噌…大さじ1

ケチャップ…大さじ1

ごま油…小さじ1

つくり方　58ページ

❶耐熱皿の周囲に鶏肉を並べ、中央にキムチをのせる。

❷混ぜ合わせた【たれ】を鶏肉に均等にかけ、ふんわりラップをして、電子レンジで6分加熱する。

❸ラップをはずし、熱いうちにチーズをのせ、箸などで鶏肉の上下を返し、チーズを溶かしながら【たれ】とからめる。器に盛り、ちぎったサニーレタスを添える。

しめ

ご飯のせ　バゲット

加熱したあとにチーズを加え、余熱でトロリとさせるのが最高の味わい。ご飯のせはもちろん、バゲットにのせてもおいしい。

豚肉のねぎ蒸し梅だれ

豚肉の脂の旨味に梅干しのさっぱり感が合う

(日本酒) (焼酎) (ビール) (ハイボール)

材料　1～2人分

豚肩ロースまたは豚バラ肉の薄切り（8cm長さに切る）…100g
長ねぎ（斜め薄切り）…1/2本（50g）
しょうが（せん切り）…1かけ（10g）

たれ

しょうゆ…大さじ1/2
梅干し（種を除いてちぎる）…1個（10g）
ごま油…小さじ1　　　　　　片栗粉…小さじ1

つくり方

❶ボウルに豚肉を入れ、【たれ】を加えて混ぜる。
❷耐熱皿に長ねぎとしょうがを平らに広げ、その上に❶をざっと広げ、なるべく重ならないよう、中央をあけてのせる。
❸ふんわりラップをして、電子レンジで4分加熱する。ラップをはずし、箸などで上下を返し、全体に味がなじむようにからめる。

しめ

ご飯のせ　お茶漬け

お好みで練りわさびを加えてもよい。お茶漬けにするときは、ちぎったのりを添えても。

豚バラの即席ねぎ巻き

ねぎの "シャキシャキ感" がたまらない

`ビール` `日本酒` `赤ワイン` `ハイボール`

材料 1～2人分

豚バラ薄切り肉…4枚（100～120g）

万能ねぎ（15cm長さに切る）…20本（100g）

小麦粉…小さじ2

七味唐がらし、練りからし…適宜

たれ

しょうゆ…大さじ1　　　みりん…大さじ1

つくり方

❶豚肉は1枚ずつ広げ、万能ねぎを均等に端に置き、斜めに転がすようにしてしっかり巻く。

❷耐熱皿に❶を置き、小麦粉をまぶし、巻き終わりを下にして皿の周囲に並べる。

❸混ぜ合わせた【たれ】を均等にふりかけ、ふんわりラップをして電子レンジで4分加熱する。

❹ラップをはずし、箸などで上下を返し、照りがつくまで【たれ】をからめる。器に盛り、七味唐がらしや練りからしを添える。

しめ

ご飯のせ　お茶漬け

万能ねぎの替わりにニラでもおいしい。その場合は、電子レンジでの加熱は、長めの5分にするとよい。

長芋と豚肉の味噌だれはさみ蒸し

見た目も魅力的な "もてなし風" おつまみ

日本酒　焼酎　赤ワイン

材料　1〜2人分

豚肩ロース薄切り肉（半分に切る）…150g
長芋（皮をむいて5mm厚さの輪切りにする）…正味70g
万能ねぎ（小口切り）…2本分（5g）
練りからし…適宜

たれ

しょうゆ…大さじ1/2　　味噌…大さじ1
白すりゴマ…大さじ1　　片栗粉…大さじ1
ごま油…小さじ1

つくり方

❶豚肉をボウルに入れ、【たれ】を加えてよく混ぜる。
❷耐熱皿の中央をあけ、❶と長芋を交互に2列に並べる。
❸ふんわりラップをして、電子レンジで4分30秒加熱する。
❹ラップをはずし、豚肉と長芋を重ねたまま盛り付け、万能ねぎを散らし、練りからしを添える。

しめ

ご飯のせ

長芋は生でも加熱してもおいしいので、おつまみに重宝する。しかも、消化がよく、夜遅く食べても胃の負担が少ない。

鶏チリ

柔らか鶏肉に本格ピリ辛ソースがからむ

ビール　ハイボール　焼酎　サワー

材料　1〜2人分

鶏むね肉（2cm角に切る）…1枚（200g）
Ⓐ塩（少々）＋サラダ油（小さじ2）＋片栗粉（小さじ2）
長ねぎ（斜め1cm幅に切る）…1/2本（50g）
にんにく（みじん切り）…1/2かけ（5g）
お好みで香菜…適宜

たれ

ケチャップ…大さじ2　　　水…大さじ1
豆板醤…小さじ1/2　　　味噌…小さじ2

つくり方

❶鶏肉を耐熱ボウルに入れⒶをからめたうえで平らにし、にんにくと長ねぎを散らし、混ぜ合わせた【たれ】を全体にかける。

❷混ぜずに、そのままふんわりラップをして、電子レンジで5分加熱する。

❸ラップをはずし、スプーンなどで上下を返し、全体にとろみがつくまで混ぜる。器に盛り、お好みで香菜を飾る。

しめ

ご飯のせ

ケチャップと味噌と豆板醤で簡単に"チリ"味に。鶏肉の替わりにむきエビを使っても、もちろんおいしい。

コラム❷
レンジで最高の味をつくる方法

素材と調味料を混ぜずに"チン"!

　電子レンジは、温めるだけじゃもったいない！少人数分の調理が得意で、短時間でもできるので、すぐに食べたい「おつまみ」にもってこい。

　まずは、耐熱皿やボウルの大きさを決めます（基本は 20cm ボウルと 20cm 耐熱皿）。電磁波の当たりが均一になるように、素材はなるべく中心をあけたり、皿やボウルの周囲に均等に広げます。そして、調味料や素材をはじめからからめたり混ぜたりせず、別々にのせたり、調味料を素材にかけるだけにします（ここ重要！）。素材と調味料を別々に加熱し、加熱後に余熱を利用しながら最後に混ぜるのが、おいしく仕上げるコツなのです。

　さらに、ラップは耐熱皿の直径より長めに切り、手が入るくらいふんわりとかけます。しっかりラップするとすぐに熱がこもって過加熱になりやすく、素材が硬くなっておいしくならないからです。ふんわりラップをすれば、ラップがレンジ加熱している間にゆっくり落ち、仕上がった時には皿にラップが張り付き、適度に熱がこもります。こうして、鍋やフライパンと同じ加熱具合を再現でき、最高の味をつくることができるのです。

レンチン麻婆豆腐のつくり方 ▶40ページ

❶混ぜ合わせた肉だねは、ざっと均一にボウルに張り付くように広げます。丸くまとめないようにします。

❷火の通りのはやい豆腐は真ん中に寄せてのせます。大きめに切っておいてOK。水切り不要!!

❸ここでふんわりラップします。ピッチリは厳禁。こうすることでゆっくり火が通り、ひき肉とろり、豆腐もふんわり。

❹加熱後のボウルの中は蒸気で熱いので、横に引くように蒸気を逃がしてラップをはずします。この時点ではひき肉と豆腐から水分が出ていて、麻婆豆腐とは言いがたい状態です。

❺そこで、加熱後の余熱をいかに利用するかが勝負。フォークやスプーンでひき肉だねをよくほぐしながら混ぜて豆腐にからめると……麻婆豆腐だ！

鶏のチーズダッカルビのつくり方 ▶46ページ

❶火の通りを均一にするために、肉のサイズを揃えます。耐熱皿に均等に広げて、たれや調味料は上からかけてのせるだけ。

❷ここでふんわりラップします。ピッチリは厳禁！こうすることで加熱しすぎて「肉が硬い！」なんてことはなくなり、ジューシーに仕上がります。

❸加熱後の耐熱皿の中は蒸気で熱いので、横に引くように蒸気を逃がしてラップをはずします。ここでは素材からの水分が出ている状態です。

❹チーズは余熱で十分火が通るので、このタイミングでチーズを乗せます。

❺ゆっくりかき混ぜながら、チーズを溶かしてからめていくと、調味料と水分がほどよくからんで、ダッカルビが完成！

3章 フライパンと小鍋で10分極上おつまみ

10分でできる簡単おつまみ!

牛しゃぶのゆずとろろ

シンプルなのに旨味たっぷり

材料　1〜2人分

`日本酒`　`焼酎`　`ハイボール`

牛肉（しゃぶしゃぶ用肉）…150g

ごぼう（泥を落とし、ピーラーで帯状に切り5分水にさらす）
　　…1/2本（75g）

水菜（6cm長さに切る）…50g

スープ

昆布（5cm角）…1枚　　　水…1・1/2カップ

みりん…1/4カップ　　　薄口しょうゆ…大さじ2

酒…1/4カップ

たれ

長芋（皮をむいてすりおろす）…正味100g

ゆずこしょう…小さじ1/2

つくり方

❶鍋に【スープ】を入れて、強火で1分煮たてアルコール分を飛ばす。

❷中火に戻し、肉を広げ入れ、野菜を入れ、好みの煮え具合に火を通す。

❸混ぜ合わせた【たれ】にとり、からめていただく。

しめ

雑炊　うどん

豚薄切りなら、豚バラよりロースやもも肉がおすすめ。

あさりのにんにくスープ鍋

旨味たっぷり濃厚スープでお酒がすすむ

白ワイン 日本酒 焼酎 ビール

材料 1〜2人分

鶏もも肉（余分な脂を除き、8等分に切る）…小1枚（200g）
殻付きあさり…150g
にんにく（薄切り）…2かけ（20g）
万能ねぎ（小口切り）…10本（50g）
レモン（くし切り）…適宜

スープ

水…2・1/2カップ
酒…1/4カップ
塩…小さじ1
赤唐がらし（小口切り）…1本分

つくり方

❶あさりは、塩（小さじ1）と水（1カップ）を混ぜた塩水に20分程度
つけて、ふきんなどをかけて暗くし砂をはかせ、さっと水洗いをする。

❷鍋に【スープ】、鶏肉、にんにくを入れて中火にかけ、煮立ったらアク
をとり弱火で10分煮る。

❸あさりを加えて中火にし、口が開くまで煮る。万能ねぎを散らし、お
好みでレモンを絞る。

しめ

雑炊　うどん　中華麺

切り身魚のアクアパッツァ

"バル気分"でお酒を楽しめる欧風おつまみ

白ワイン　焼酎　ビール

材料　1〜2人分

切り身の塩だら（こしょうを少々ふっておく）
　…2切れ（150〜180g）

こしょう…少々

ミニトマト（ヘタをとって横半分に切る）…8個（80g）

にんにく（みじん切り）…1かけ（10g）

オリーブ油…大さじ2

スープ

塩…小さじ1/2　　　白ワインまたは酒…1/4カップ

パセリ（みじん切り）…大さじ1　　　粉チーズ…大さじ2

つくり方

❶ フライパンにオリーブ油（大さじ1）を中火で熱し、塩だらの表裏を2分ずつ焼く。

❷ ミニトマトとにんにくを全体に散らし、【スープ】を順にふり入れる。

❸ 中火で煮立て、ふたをして弱火で5分煮る。仕上げに残りのオリーブ油をふり、ひと煮する。

しめ

雑炊　パスタ　バゲット

塩だらの替わりにタイやかじきなどの白身魚の切り身も。

明太バターの温やっこ

コクのあるトロトロスープが絶品

日本酒　ビール　焼酎

材料　1〜2人分

絹ごし豆腐…2/3〜1丁
明太子（ちぎる）…小1腹（60g）
長ねぎ（小口切り）…1/2本分（50g）
焼きのり（ちぎる）…適宜

スープ

水…1・1/2カップ　　　　酒…大さじ2
薄口しょうゆ…大さじ1　　バター…20g
片栗粉…大さじ1・1/2

つくり方

❶鍋に【スープ】を入れて中火にかけ、ヘラなどでよく混ぜながらとろみがつくまで煮立てる。

❷1〜2分煮て濃いめのとろみがついたら、明太子と豆腐を大きめに割って入れ、弱火で4〜5分煮る。

❸取り分けて、のりとねぎを散らしていただく。

しめ

ご飯かけ　雑炊　うどん　パスタ

残ったスープにうどんやパスタを入れたり、あとから"追いバター"をしてご飯にかけてもおいしい。

ささみの海苔わさびマヨ

わさびとマヨネーズの "絶妙風味"

白ワイン　日本酒　ビール

材料　1〜2人分

ささみ…3〜4本（120〜150g）
塩…ひとつまみ
小麦粉…大さじ1
サラダ油…小さじ1
マヨネーズ…大さじ3
青のり…大さじ1
練りわさび…適宜

つくり方

❶ ささみは、塩をふり、小麦粉をまぶす。
❷ フライパンに油を中火で1分熱し、ややぬるいくらいで❶を入れ3〜4分焼き、返して2分焼く。
❸ 火を止め、ささみにマヨネーズ、青のりをのせてさっとからめ、取り出す。練りわさびを添える。

しめ

ご飯のせ

ささみは焼き過ぎは禁物。片面3分、返して2分で余熱で火を通すのが "しっとりジューシー" のコツ。

スプーン混ぜのつくね焼き

フワッとジューシーな噛み応えがクセになる

赤ワイン　ビール　焼酎　日本酒　サワー

材料　1～2人分

Ⓐ鶏ひき肉（150g）＋卵（1個）＋小麦粉（大さじ2）＋塩（少々）

サラダ油…小さじ2　　　　　　　粉さんしょう…適宜

七味唐がらし…適宜　　　　　　　卵黄…1個

たれ

しょうゆ…大さじ2　　　　　　　みりん…大さじ4

砂糖…小さじ1

つくり方

❶ボウルにⒶを入れてスプーンで2分くらい混ぜ、粘りが出るまで練る。

❷フライパンに油を中火で1分熱し、ややぬるいくらいで❶をスプーンで3～4等分にして落とし入れ、スプーンの背で楕円に形をまとめ、中火で表裏2分30秒ずつ焼く。

❸余分な脂をたたんだキッチンペーパーでふきとり、混ぜ合わせた【たれ】を加え1分30秒～2分煮からめたら、汁ごと盛り付け、粉さんしょうと七味唐がらし、卵黄を添え、からめながらいただく。

しめ

ご飯のせ

ひき肉150gに卵1個、小麦粉大さじ2の割合が、トロリおいしいつくねの黄金比。ご飯にのせるときは、タレごとのせて割り崩して。

濃厚だれのしょうが焼き

濃厚しょうがだれでビールが旨い

（ビール）（赤ワイン）（日本酒）

材料　1〜2人分

豚肩ロース肉（しょうが焼き用）…150g
小麦粉…小さじ1
ごま油…大さじ1/2
たまねぎ（薄切り）…1/2個（100g）
カイワレ（根元を切る）…少々（10g）

たれ

しょうがのすりおろし…2かけ（20g）
しょうゆ…大さじ1・1/2　　　砂糖…小さじ2　　　酒…大さじ1

つくり方

❶ フライパンに油を中火で熱し、豚肉をざっと広げ、小麦粉をふり、動かさないように2分焼く。
❷ 肉に焼き色がついたら上下を返し、中央をあけて混ぜ合わせた【たれ】を加え、強めの中火にしてトングなどで返しながら全体にからめる。
❸ たまねぎとカイワレを合わせて盛り、❷を盛る。

しめ

ご飯のせ

添えたたまねぎ、カイワレはしょうが焼きで包んで。野菜は水菜やちぎりレタスでも OK。

豚とニラの卵とじ

トロ～リ卵とやさしいダシでしみじみ飲める

`ビール` `日本酒` `焼酎` `白ワイン`

材料　1～2人分

ニラ（5cm長さに切る）…1/2束（50g）

豚コマ肉（小麦粉をまぶす）…100g

小麦粉…小さじ1

卵（ボウルなどに割りほぐす）…2個

ごま油…小さじ1　　　粉さんしょう…適宜

たれ

水…3/4カップ　　　　　　塩…小さじ1/2

しょうゆ…小さじ1　　　　みりん…大さじ2

つくり方

❶鍋かフライパンに【たれ】を入れて中火で煮立て、豚肉を加え1分煮て、ニラを加えてさらに1分煮る。

❷1/2量の卵を中央から全体に回し入れ、20～30秒火を通す。残りを回し入れて半熟状になるまでゆすりながら火を通す。

❸器に盛り、ごま油と粉さんしょうをふる。

しめ

ご飯のせ　うどん

卵は2回に分けて入れるのがコツ。1回目の卵は、火を先に通して土台にし、2回目の卵をその上に流し入れるとトロリとした仕上がりになる。仕上げはご飯のせはもちろん、ゆでうどんにかけてもおいしい。

かりかり醤油チキンソテー

"肉汁ジュワ〜ッ" "皮パリパリ" のスパイシーチキン

白ワイン　ビール　焼酎　ハイボール

材料　1〜2人分

鶏もも肉…1枚（250g）　　　塩…小さじ 1/4

サラダ油…適宜　　　　　　　しょうゆ…大さじ 1/2

トマト（薄切り）…1/2 個（100g）

スパイス

にんにく（みじん切り）…1 かけ（10g）

あら挽き黒こしょう…小さじ 1

つくり方

❶鶏肉は余分な脂肪をとり、スジを切り縦半分に切る。皮を下にし、肉
　の方にだけ塩をふり、10 分程度置く。

❷混ぜた【スパイス】を皮目に押しつけ、薄く油を塗ったフライパンに
　皮目を下にして入れる（このときはフライパンは温めなくていい）。

❸フライパンを中火にかけ、そのままで 6〜7 分焼き、皮がカリッとし、
　焼き色がついたら返して 5〜6 分焼く。焼いている途中でたたんだキ
　ッチンペーパーで余分な脂をふきとる。

❹仕上げにしょうゆをからめ、皿に盛りつけたトマトにのせ、肉の余熱
　でトマトに火を通す。

しめ

ご飯のせ

スパイスに七味唐がらしを使えば焼き鳥風になる。

ソーセージと
じゃがいものアヒージョ

家にある "おなじみ素材" で絶品アヒージョ

白ワイン　赤ワイン　ビール　焼酎

材料　1〜2人分

ソーセージ（斜め半分に切る）…5本（100g）

じゃがいも（よく洗って水気を切り、皮つきで2.5cm角に切る）…1〜2個（正味150g）

赤唐がらし（種をとって半分にちぎる）…2本

にんにく（半分に切る）…2かけ（20g）

塩…小さじ1/3　　　　　　　オリーブ油…1/2カップ

パセリ（ちぎる）…ひとつかみ

つくり方

❶ フライパンにオリーブ油（大さじ2）を中火で熱し、じゃがいもを加えて表裏3分ずつ焼く。

❷ 塩、ちぎった唐がらし、にんにくを入れ、残りのオリーブ油を注ぎ、そのまま中火で5分煮てじゃがいもに火を通す。

❸ ソーセージとパセリを加えて2〜3分煮る。

しめ

バゲット　パスタ

じゃがいもの皮からも香りと旨みが出るので、皮はむかない。ソーセージの替わりに塩鮭、塩たら、から付きエビ、大きめに切ったかまぼこやちくわを入れてもおいしい。旨味と辛味がとけ出た油は、パンにつけたり、パスタをからめてもよい。

豚コマとキムチのチジミ

ピリ辛なのに "フワフワ" した食感"

ビール　焼酎　ハイボール

材料　1〜2人分

生地
- 卵…1個
- 片栗粉…大さじ4
- 豚コマ肉…50g
- キムチ（粗く刻む）…100g
- ニラ（5mm幅に切る）…1/4束（25g）
- ごま油…小さじ1

サラダ油…大さじ1
味つけポン酢…大さじ2

つくり方

❶ ボウルに【生地】を上から順に加え、均一によく混ぜて、生地をつくる。

❷ フライパン（26cm）にサラダ油を中火で熱し、❶を流し入れて広げ、平らにして3〜4分焼く。焼き色がついたらヘラなどで上下を返して3〜4分焼く。

❸ まな板などにとり、切り分けてから盛りつけて、お好みで味つけポン酢を添える。

豚コマ肉の替わりにひき肉、むきエビやツナなどを加えてもよい。キムチがないときは、キャベツのせん切りを入れるとお好み焼き風に。

ひき肉のチーズクリーム煮

10分でできるグラタン風おつまみ

`焼酎` `ビール` `白ワイン`

材料 1〜2人分

合びき肉…100g

ケチャップ…大さじ2

たまねぎ（薄切り）…1/2個（100g）

にんにくのすりおろし…1/2かけ（5g）

バター…20g　　　　　　小麦粉…大さじ2

牛乳…1カップ　　　　　　塩…小さじ1/4

ミックスチーズ…50g

つくり方

❶ フライパンにバターを中火で熱し、半分溶けかかったらたまねぎとにんにくを広げ入れ1分焼き、2分炒める。

❷ ひき肉にケチャップをざっくり混ぜ、❶に入れて平らにし、小麦粉を全体にふる。

❸ 周りから牛乳をそそぎ、塩をふり、上下を返すように4〜5回大きく混ぜる。

❹ チーズをちらし、そのまま5分煮る。一度全体を混ぜ、ふちのチーズが焦げるまで2〜3分焼く。

しめ

雑炊　バゲット　パスタ

最後にご飯を入れてリゾットにしたり、ゆでたペンネを入れても美味しい。辛味を足すなら練りからしやこしょう、チリペッパーを。

"つき合い"も大事だけど…

"つき合い"で飲む……。
一緒にお酒を楽しむことで、
人間関係も深まるものですから、
それは、とても大事なことです。
だけど、それも度が過ぎるとよくありません。
ときには、お誘いを断って、
「自分の時間」を大切にしたいものです。
ウチで、好きな本や音楽を楽しみながら、
好きな人と一緒にお酒を飲む。
そこに、美味しいおつまみがあれば、
それだけで癒されますね。

軽く一杯どう？

ごめんなさい、今日先約があって…

今日はウチで飲みたいの

お誘いを「断る力」が大切だ

ウチ飲み劇場　夫は中学2年生

① わたし…酒豪です　← 32歳キャリアウーマンです

② 何人もの男を…　遠慮せずどんどん飲んでね　ひとりで飲むほうがいいわ

③ 返り討ちにしてきました

④ そんな私が結婚したのは…

⑤ ぼくウーロン茶　わたし大ジョッキ　一滴も飲めない"下戸"

⑥ 集中…　集中するんだ　趣味はプラモデル

⑦ スゲー、カッコいい!!!　← 36歳・中学2年生

⑧ そんな夫を眺めながら…飲むのが幸せ。　よかったねぇ〜　お腹減ったでしょ？　おつまみ食べなよ〜　お茶　うん、ありがとう!　平和だね

> コラム❸
> お酒に合う味の基本

お酒と言っても実にさまざま。ワインひとつとっても白もあれば赤もあり、ブドウの品種や産地によっても味わいが異なります。そこで、ここでは、ごくごく基本的な"合うおつまみ"の味についてご説明します。

ビール

基本的にビールの泡に合うのは、「オイリー」で「塩分」が立っていて「スパイシー」なおつまみ。また、にんにく、ねぎ、ニラのような持続性のある辛味や香りを区切るのにも一番適している。脂肪分の多い肉料理や揚げ物、中華や韓国料理などには間違いなし。

白ワイン

ワインといえば、代表的なのはソーヴィニヨンブランタイプ（酸味があって、キレがシャープ）とシャルドネタイプ（日本酒に近い果実感があって余韻を感じる）。前者はビールに合うおつまみに合わせやすい。後者は日本酒に似た味わいなので、煮物やしゃぶしゃぶなどの和食やお刺身に合わせやすい。

赤ワイン

赤ワインといえば、代表的なのはカベルネソーヴィニオンタイプ（渋み、酸味、甘味が強い）とピノノワールタイプ（渋みが少なくてまろやか）。前者は、ボリュームのある肉料理や韓国料理などに合わせやすい。後者は、しょうゆやみりんを使った甘辛味もいいし、お塩だけで食べる野菜料理など"あっさり系"のおつまみに合わせやすい。

日本酒（辛口）

日本酒（辛口）は、しそやみょうがなど和風の薬味をきかせたおつまみであれば、肉料理、魚料理など素材を問わず合わせやすい。また、かつおだし、海藻など海の風味のおつまみが抜群に合うのはもちろん、大根おろし（148ページ）をつまむにも、これが一番。

焼酎

焼酎は割り方や温度などによって風味が変わるため、いろんな料理に合わせやすい。ロックで飲む場合は日本酒と同じような感じだが、炭酸割りの場合はビールや白ワインに似てくる。お湯割りの場合は、日本酒以上に料理の味が引き立つので、素材をいかしたあまり凝ったおつまみでないほうがよいかも。

ハイボール

ビールに似た"アワ感"だが、ビールは苦みがアクセントである一方、ハイボールは「スモーキーな香り」が特徴。そのため、カレー粉やごま油などのシンプルな「香り」にはよく合うが、雑多な「香り」をもつエスニック系の料理には合わせにくいかも。

サワー

サワー（酎ハイ）は甘味と香りが強いので、その強さに勝てないお刺身やお鍋など"あっさり系"のおつまみはイマイチ合わない。むしろ、マヨネーズのからんでいるものやタレのかかった揚げ物など、こってり系のガッツリとしたおつまみがよく合う。

コラム❹ おすすめ薬味の調理法

しょうが

しょうがのピリッとした辛みや、さわやかな香りは、日本酒や焼酎とよく合います。にんにくやねぎと組み合わせるとさらに味のバリエーションが膨らみます。できれば生を使いたいですが、チューブ入りでも可。

にんにく

おつまみ薬味の"王様"。にんにく風味なら、ビールかチューハイには確実に合う。すりおろし、みじん切り、角切り、輪切りで味わいが変わり、焼いたり煮たり炒めたりしても風味が変わるのが面白い。

しそ

日本酒を美味しく飲むなら、必須アイテム。お刺身やサラダ、和えものなど、冷たいおつまみの美味しさが格段にアップします。そのまま何かを巻いてもいいし、せん切りにしても、ちぎって使ってもOK。

みょうが

しょうがやねぎより、ふくよかな香りと上品な味わいと食感が特徴。少し加えることで、料理に高級感も出ます。気分を変えたい時に使ってみることをおすすめします。

万能ねぎ

小口切りにするのが一般的ですが、細かく切るほど香りが立ちます。根に近い白い部分は、彩りはありませんが、ねぎのような味わいで、ザク切りにしたり刻んだりして使えます。

長ねぎ

小口切りにして少し水にさらすと、"口直し"にぴったり。細かく刻むと香りや旨味が十分に出て、調味料の味わいが変化します。縦半分に切って斜め薄切りにすると、見た目の表情や辛味・食感も上品になります。

たまねぎ

"オニスラ"は、そのままでもお酒のつまみになります。薄切りにするときには、繊維に沿って切るか繊維を断つように切るかで、辛味と食感が変わるので不思議。紫たまねぎなら水にさらす必要もありません。

カイワレ

カイワレのぴりっとした辛みは、そのままでもほどよい薬味になります。"お手軽素材"なので常備しておくといいでしょう。しょうがやしそ、みょうがなどとの合わせ技もおすすめです。

コラム❺
おすすめスパイストッピング

ごま

和・中・エスニックのほかオリジナルの "ナンチャッテ料理" までオールラウンドに使えるトッピング。味も香りもまとまります。そのままでも使えますが、指先でひねるとより香りが立ちます。すりゴマでもOK。

七味唐がらし

麺類にふりかけるだけじゃもったいない！ ごま、唐がらし、さんしょう、陳皮などで構成された香りと味わいを醸し出す素材。炒め物、揚げもの、和え物やマリネにひとふりするだけで "おつまみ仕様" に変化します。

青のり

のりの旨みは、動物性と植物性の旨みのいいとこどり。さらに色も香りも華やかです。焼きそばの必須アイテムですが、シンプルな塩味のおつまみに加えると、かなり高級感が出ます。焼きのりも同様です。

さんしょう

しょうゆ、みりんの甘辛味のおつまみと抜群の相性。ごまや青のりと組み合わせたり、炒め物や揚げ物に加えたりすると、"おつまみっぽさ" がアップします。

ゆずこしょう

九州、四国で人気のゆずこしょうも今や定番全国区。青唐がらしの辛みと青ゆずの香りが特徴的ですが、塩分を 30〜50％含んでいるので、薬味というより調味料。淡泊な料理に加えると日本酒、白ワインにぴったり。

わさび

生わさびなら最高ですが、昨今チューブも香りがいい。"THE 和つまみ"となる薬味。お刺身はもちろん、ごま油で溶いたり、梅干し、のりなどと合わせると味と香りのバリエーションが広がります。

からし

「つーん」となるからしは、和・洋・中・エスニックなど幅広くアクセントに効果的です。しょうゆベースの和風はもちろん、マヨネーズやポン酢と混ぜると大人の味わいのおつまみに仕上がります。

ゆかり

ゆずこしょう同様、塩分とはっきりした酸味を含んでいるので、使い方次第で適度なアクセントになります。脂肪分の多い肉や魚、アボカド、マヨネーズなどにトッピングすると美味しさが増します。

コラム❻ おすすめ常備だれ

① アンチョビオリーブだれ

アンチョビ（みじん切り）…10枚
にんにく（チューブ）
　…10cm（1かけ分）
たまねぎ（すりおろし）
　…1/4個（50g）
オリーブ油…大さじ3
牛乳…大さじ2

> 混ぜて1分火を通す！

② 桜海老とねぎの塩だれ

長ねぎ（みじん切り）
　…1/2本分（50g）
桜エビ（みじん切り）…10g
塩…小さじ1
ごま油…大さじ2
水…大さじ2
こしょう…小さじ1/4
酢…小さじ1

> 混ぜるだけ！

③ ピリ辛ラジャンだれ

【材料】
サラダ油…大さじ4
しょうゆ…大さじ2
貝柱の水煮缶…小1缶（正味50g）
ごま油…大さじ1

【たれ】
にんにく（チューブ）
　…10cm（1かけ分）
一味唐がらし…小さじ1
白いりゴマ…大さじ3

【つくり方】
❶貝柱の水煮缶は缶汁を軽く切ってほぐし、【たれ】を合わせ、直径12〜15cmの金属製のボウルに入れて鍋敷きの上に置く。
❷小さめのフライパンまたは小鍋に油を入れて中火にかけ、煙が出るまで熱する。
❸熱した油をボウルに一気に流し、しょうゆ・ごま油を加える。

> すべて冷蔵庫で3週間保存可

4章 一品でも満腹！おつまみごはん

ひき肉とほうれん草の焼き飯

濃厚バターの "カリカリご飯" が焼酎に合う

焼酎　ビール　ハイボール　サワー

材料　1人分

豚ひき肉…80g

サラダ油…小さじ1

にんにく（粗みじんに切る）…1かけ（10g）

ほうれん草または小松菜（2cm幅に切る）…50g

ご飯…150g

しょうゆ…小さじ1＋小さじ2

砂糖…小さじ1

あら挽き黒こしょう…少々

バター…10g

つくり方

❶フライパンにサラダ油、にんにく、ひき肉を広げ入れて中火にかけ、肉の脂が出て肉がカリッとするまで2〜3分焼く。

❷ひき肉の上下を返し、しょうゆ（小さじ1）と砂糖をふりからめ、ほうれん草とご飯をのせて広げ、そのまま2分焼く。

❸上下を返しながら炒め、ほうれん草に火が通り、ご飯に油がからむまで炒める。

❹中央をあけ、しょうゆ（小さじ2）とバターを溶かし、全体に焼き色がつくまで炒め、あら挽き黒こしょうをふる。

ひき肉やご飯がカリカリするくらい炒めると "おつまみ風" になる。焼き飯は少しムラがあるくらいがおいしいので、"ざっくり炒め" でよい。

混ぜ混ぜチリオムライス

白ワインが旨い！巻かないピリ辛オムライス

`ビール` `焼酎` `白ワイン`

材料　1人分

鶏コマ肉（塩、こしょうを少々ふっておく）…80g
塩、こしょう…少々
たまねぎ（薄切り）…1/4個（50g）
サラダ油…大さじ1/2
ご飯…150g
温泉卵…1個

たれ

ケチャップ…大さじ3
中濃ソース…大さじ1
一味唐がらし…小さじ1/4

つくり方

❶フライパンに油を中火で熱し、鶏肉とたまねぎを広げ入れ、そのまま1〜2分焼き、上下を返して1分炒め、中央をあける。

❷中央にご飯を広げ入れ、そのまま2分焼きつけ、ひと混ぜする。

❸さらに中央をあけて【たれ】を入れ、ヘラなどで混ぜて30秒煮立たせ、さらに強めの中火にし、【たれ】とご飯を混ぜ合わせながら、1〜2分炒める（少しムラがあるくらいがおいしい）。

❹盛り付けて中央をあけ、温泉卵を乗せて、混ぜながらいただく。

シンガポール春雨

手間いらずの本格 "アジア屋台風" おつまみ

ビール　サワー　ハイボール

材料　1人分

緑豆春雨…40g
豚コマ肉（または鶏コマ肉）…50 g
たまねぎ（5mm 幅の薄切り）…1/4 個（50g）
ごま油…大さじ 1
万能ねぎ（小口切り）…2 本（10本）
レモン（くし切り）…適宜

たれ

水…1/2 カップ
オイスターソース…大さじ 1
カレー粉…小さじ 1

つくり方

❶ フライパンに油を中火で熱し、たまねぎと豚肉を広げ入れて 1 分焼き、上下を返して 1 分炒める。少し肉が生っぽいくらいで【たれ】を注いで中火で煮立てる。

❷ 煮立ったら春雨を入れ、春雨をほぐしながら、水分が少なくなるまで強めの中火で 3 分煮る。

❸ 万能ねぎを加えてひと混ぜする。レモンを絞りながらいただく。

春雨はコシのある緑豆春雨がおすすめ。「オイスターソース 3：カレー粉 1」でアジアンテイストのおつまみに。

うどんと野菜のビビン麺

食欲はないけど
「ちょっと飲みたい」ときにぴったり

焼酎　サワー　ビール

材料 1人分
冷凍うどん…1玉（200g）
きゅうり（細切り）…1/2本（50g）
にんじん（細切り）…1/5本（30g）
焼き豚（細切り）…3〜4枚（40g）
Ⓐ塩（小さじ1/2）＋水（大さじ3）

たれ
ケチャップ…大さじ2　　　　味噌…小さじ2
ラー油…小さじ1/2　　　　　ごま油…小さじ1

つくり方
❶野菜にⒶをからめて10分程度置き、水気を絞る。
❷鍋かフライパンに、4カップ（800cc）の熱湯を沸かし、うどんを入れて表記通りゆで、冷水に取ってぬめりをしっかりとり、ざるにあげて十分に水気を切る。
❸うどんを盛りつけ、❶と焼き豚を乗せ、混ぜ合わせた【たれ】をかけ、からめながらいただく。

生野菜はセロリ、レタス、キャベツなどを細切りにしても。焼き豚はハムやサラダチキンを代用してもよい。

ニラ醤油だれうどん

香りたつ濃厚ニラだれでお酒がすすむ

ビール　日本酒　焼酎

材料　1人分
冷凍うどん…1玉（200g）
豚コマ肉…50g

たれ
しょうゆ…大さじ3
砂糖…大さじ1
しょうがのすりおろし…1かけ分（10g）
豆板醤…小さじ1
白いりゴマ…大さじ2
ニラ（2mm幅に切る）…1/2束（50g）
ごま油…大さじ2

つくり方
❶【たれ】の材料をよく混ぜ合わせておく。
❷鍋かフライパンに4カップ（800cc）の熱湯を沸かす。うどんを入れて表記通りゆで、豚肉を入れてひと混ぜし、色が変わったらざるにあげて水気を切る。
❸熱いうちに盛りつけ、【たれ】をお好みの量かけ、混ぜながらいただく。

この【たれ】は重宝する。つくった当日はもちろん、日を置くとニラがなじんでさらにおいしい。冷奴にかけたり、ご飯にかけて生卵と一緒にいただいても絶品。

ピリ辛お好み麺

"広島焼き風"のこってりカリカリ焼きそば

ビール　焼酎　白ワイン

材料　1人分

蒸し中華麺…1玉（150g）　　中濃ソース…大さじ2

Ⓐ卵（1個）＋小麦粉（大さじ1）

ソーセージ（7mm幅の小口切り）…2本（40g）

キャベツ（5mm幅の細切り）…50g

ミックスチーズ…50g　　　　サラダ油…大さじ1

七味唐がらし…適宜

たれ

マヨネーズ…大さじ1　　　　中濃ソース…大さじ2

つくり方

❶ボウルに中華麺を手でざっとほぐして、中濃ソースをからめる。

❷別のボウルにⒶを混ぜ合わせ❶に加えてよく混ぜる。

❸フライパンに油を中火で熱し、❷を直径20cmくらいに流し、平らに広げ入れ、焼き色がつくまでそのまま2〜3分焼く。

❹ヘラなどで上下を返し【たれ】を塗り、キャベツとソーセージを散らしチーズをのせる。ふたをして弱火で3〜4分、チーズが溶けるまで焼き、七味唐がらしをふる。

中華麺は、中濃ソースをからめてほぐすと、麺が中濃ソースを吸って味がなじむので、仕上げの調味料が少なくても、味がしっかりしておいしくなる。

ベーコンとトマトのペペロンチーノ

ワインがぴったり！王道のイタリアンおつまみ

（白ワイン）（焼酎）（赤ワイン）

材料　1人分

ペンネ…70g

にんにく（みじん切り）…1かけ（10g）

オリーブ油…大さじ1

ミニトマト（横半分に切る）…6個（60g）

ベーコン（2cm幅に切る）…2枚（40g）

赤唐がらし（小口切り）…1本

塩…少々

つくり方

❶鍋に4カップ（800cc）の湯を沸かし、1%の塩（大さじ1/2）を入れてペンネを表示時間通りゆで、ざるにあげる。ゆで汁をとっておく。

❷フライパンににんにくと油を入れて弱火にかけ、薄いきつね色になったら、ミニトマト、ベーコン、赤唐がらしを加え、ベーコンが色づくまで1〜2分炒める。

❸ゆで汁（大さじ2）とペンネを❷に入れ、強めの中火にして全体にからめながら、水分が少なくなるまで火を通す。塩少々で味を調える。

パスタを炒めるときに、ゆで汁を入れると全体にトロッとしてまとまり、おいしくなる。ゆで汁を加えたら、水分を飛ばしながら炒めるイメージで仕上げる。

酸辛塩焼きそば
サンラー

ほどよい酸味とニラの "シャキシャキ感" が楽しい

焼酎　ハイボール　ビール

材料　1人分

蒸し中華麺…1玉（150g）

ごま油…小さじ1

豚コマ肉…50g

しょうゆ…大さじ1/2

ニラ（5cm長さに切る）…1/4束（25g）

ちくわ（斜め薄切り）…2本（70g）

サラダ油…大さじ1

Ⓐ塩（小さじ1/4）＋水（大さじ1）＋ラー油（小さじ1/2）

酢…大さじ1〜

つくり方

❶ボウルに中華麺を手でざっとほぐして、ごま油をからめる。豚肉はしょうゆをからめる。

❷フライパンにサラダ油を中火で熱し、豚肉、ちくわ、中華麺を広げ入れ、2〜3分焼き、ほぐしながら2分炒める。

❸Ⓐを回し入れ、ニラを加えて1分炒め、ニラがしんなりしたら酢を加えからめる。

ちくわの替わりにさつま揚げやかまぼこなどを入れてもおいしい。最後の酢は、酸味というより後口のキレに加える。

バターすき焼きうどん

辛口冷酒にも合う煮込みうどん風おつまみ

ビール 日本酒 赤ワイン ハイボール

材料 1人分

冷凍うどん…1玉（200g）
牛薄切り肉…100g
シメジ（小房に分ける）…1/2パック（50g）
長ねぎ（斜め1cm幅に切る）…1/2本（50g）
サラダ油…大さじ1
バター…10g

たれ

しょうゆ…大さじ2
砂糖…大さじ1
水…1/3カップ

つくり方

❶フライパンに油を中火で熱し、牛肉、長ねぎ、シメジを広げ入れて1分焼く。

❷肉の色が半分ぐらい変わってきたら、上下を返して中央をあけ、凍ったままうどんを中央に入れて、【たれ】を加える。ふたをして煮立て、そのまま3〜4分煮る。

❸ふたをあけ、うどんをほぐして、バターを加え混ぜる。

凍ったままのうどんと【たれ】を合わせることで、煮込みうどんのような味のしみたホッとする仕上がりに。

ペンネの青のりジェノベーゼ

濃厚な魚介のような旨味が口に広がる

白ワイン　赤ワイン　焼酎　日本酒

材料　1人分

ペンネ…70g

粉チーズ…大さじ2

生ハム…2〜3枚

たれ

にんにくのすりおろし…1/4かけ（2.5g）

青のり…大さじ1

白すりゴマ…大さじ1

塩…小さじ1/4

オリーブ油…大さじ2

つくり方

❶鍋に4カップ（800cc）の湯を沸かし、1%の塩（大さじ1/2）を入れてペンネを表示時間通りゆで、ざるにあげる。

❷❶をボウルに入れ、熱いうちに混ぜ合わせた【たれ】をからめ、器に盛る。

❸粉チーズをふりからめ、生ハムをちぎって乗せる。

ペンネは週末にゆでて、冷凍しておくと便利（114ページ）。青のりと粉チーズは、香りと旨味の宝庫。それぞれがおいしいのはもちろん、組み合わせることで味のバリエーションが広がる。

コラム❼
ご飯・麺の賢い保存法

こうすれば、
冷凍しても味が落ちない！

「もう少し食べたい」というときのために、お好みの主食を常備しておくと便利。おすすめなのはご飯とパスタ。"自分の分量"に小分けして冷凍しておけます。

ご飯は多めに炊いて、約100g（だいたいコンビニのおにぎり1個分）を、熱いうちに名刺サイズ×2の広さにラップに薄く広げ、しっかり包み、冷凍しておきます。

パスタはペンネがおすすめ。ゆで時間はパスタに比べて長めですが、量が調節しやすく、冷凍解凍しても美味しさがキープされるからです。ゆでてから、少し油をからめて100gくらいずつまとめて平らにラップに包んで冷凍します。解凍するときは、電子レンジ600wで2分程度で熱々に。温かいスープや鍋なら、そのままポンと加えて煮込んでも。ジップ式の袋にまとめておくと、冷凍庫のなかで"迷子"にならず、酔っていても見つけやすいです。

◉ラップに包む
ご飯は、なるべく熱々のうちにラップで包むと解凍後もおいしく、ペンネは油をからめておくとくっつかず、解凍しやすく味のなじみもいい。

◉保存袋に入れる
冷凍庫は、乾燥しやすく霜の臭いがつくのが難点。ジップ式の袋に入れておくと、"迷子"にならず、おいしさもキープされます。

5章

15分で1週間分！つくりおきおつまみ

切干大根とニラのさっぱりキムチ

混ぜるだけで "焼き肉屋風" の本格味に

日本酒　焼酎　ビール

材料　つくりやすい量

切干大根…（50g →戻して 150g）

ニラ（3cm 長さに切る）…1/2 束（50g）

たれ

酢…大さじ 4　　　　　　水…大さじ 4

砂糖…大さじ 1　　　　　しょうゆ…大さじ 1

塩…小さじ 1/2　　　　　豆板醤…小さじ 1/2 〜 1

つくり方

❶切干大根をボウルに入れ、5 カップ程度（約 1000cc）の熱湯をかけ、10 分程度置く。

❷湯を捨て、冷水にとってさっと洗って水気をしっかり絞り、ジップ式の袋に入れる。

❸ニラと【たれ】を加えて袋の口を閉じ、手で軽くもみ混ぜる。冷蔵で 1 日以上置いて、味をなじませる。

しめ

ご飯のせ

切干大根の水切りはしっかりと。ニラの旨味と調味料を十分に吸い込んでグッとおいしくなる。

キノコのお浸しピクルス

削り節の香りが日本酒と焼酎にも合う

日本酒　焼酎　ビール

材料　つくりやすい量

シメジ（小房に分ける）…2パック（200g）

エノキ（長さを3等分にする）…2パック（200g）

たれ

酢…1/3カップ

水…1/4カップ

砂糖…大さじ2

塩…小さじ1

赤唐がらし（小口切り）…1/2本

削り節…1パック（5g）

つくり方

❶ 5カップ程度（約1000cc）の熱湯を沸かし、キノコを入れて1分ゆでる。

❷ 保存容器に【たれ】を入れてよく混ぜ合わせて調味料を溶かす。

❸ ❶をざるにとって十分に水気を切り、熱いうちに❷に漬け込んで、冷蔵で1日以上置いて味をなじませる。

しめ

バゲット

シイタケ、エリンギでもおいしい。ゆでたキノコをざるにあげ、とにかく熱いうちにたれに浸すほうが、味がよくなじむ。

お刺身ミックスのオイル漬け

残ってしまったお刺身が "絶品オイル漬け" に

白ワイン　ビール　ハイボール　赤ワイン

材料　つくりやすい量

お刺身ミックス…200g 〜 250g
Ⓐ しょうゆ（大さじ 2）＋カレー粉（小さじ 1）
たまねぎ（薄切り）…1/2 個（100g）
にんにく（薄切り）…1 かけ（10g）
白ワインまたは酒…大さじ 2
サラダ油…1 〜 1・1/2 カップ

つくり方

❶ お刺身にⒶをからめる。
❷ フライパン（直径 26cm）にたまねぎとにんにくを敷き込み、❶をなるべく重ならないように広げのせ、ワインをふり入れてふたをする。
❸ 中火にかけ、煮立ってきたら弱火にし、そのまま 6 〜 7 分蒸す。
❹ 火を止め粗熱をとり、軽く汁気を切りながら、保存容器に移し、かぶるくらいの油を注ぐ。冷蔵で 1 日以上置いて味をなじませる。

お刺身ミックスの替わりに、切り身魚やむきエビ、鶏ささみを使ってもおいしい。

おつまみガーリック豆腐マリネ

豆腐が "絶品おつまみ" に大変身

(白ワイン)(日本酒)(焼酎)(ビール)

材料　つくりやすい量

木綿豆腐…1丁（300g）

Ⓐ しょうゆ（大さじ2）＋砂糖（小さじ1）

たれ

にんにく（薄切り）…2かけ（20g）

サラダ油…大さじ6

つくり方

❶ 豆腐は10等分に切り、軽くキッチンペーパーで水気をふいて、耐熱性の保存容器に並べ入れ、Ⓐをからめて10分程度置く。

❷ 小さめのフライパンに【たれ】を入れて4〜5分中火にかけ、にんにくがきつね色になったら、そのまま豆腐をめがけてかける。

❸ 粗熱をとり、軽く上下を返して、冷蔵で1日以上置いて味をなじませる。

しめ

ご飯のせ

油は、ごま油やオリーブ油に替えると味わいに変化がつく。バジルやパクチーなどお好みのハーブを一緒につけると楽しい。そのままでも、潰してゆで野菜に乗せても美味しい。

おつまみポテトサラダ

マヨネーズ控えめだけど
"パンチの効いた" おつまみ味

ビール　白ワイン　焼酎　日本酒

材料 つくりやすい量

じゃがいも（皮をむいて3mm幅の半月切り）…3個（正味300g）
たまねぎ（薄切り）…1/2個（100g）

たれ

酢…小さじ2
砂糖…小さじ1
マヨネーズ…大さじ4
塩…小さじ1/2
練りからし…大さじ1/2

つくり方

❶鍋に4カップ（800cc）の熱湯を沸かし、じゃがいもを入れる。

❷再沸騰したら中火で5分ゆで、たまねぎを加えひと混ぜし、ざるに
とって水気を切り、そのまま粗熱をとる。

❸ボウルにあけ、【たれ】を混ぜからめて（じゃがいもはつぶれていい）、
保存容器に移す。冷蔵で1日以上置いて味をなじませる。

そのままいただくのはもちろん、ツナ缶や生ハム、明太子、スモークサ
ーモン、ポテトチップスなどと組み合わせれば、日々違う味が楽しめる。

らーめん卵・ニラ卵

味が染みたトロ〜リ卵がたまらない

焼酎 ビール ハイボール

材料 つくりやすい量

ゆで卵（6分ゆでがおすすめ）…6個

たれA

オイスターソース…大さじ2　　　酢…小さじ1

ごま油…小さじ1　　　こしょう…小さじ1/4　　　水…大さじ4

たれB

ニラ（1cm長さに切る）…10g

しょうが（みじん切り）…1かけ（10g）

薄口しょうゆ…大さじ1　　　ごま油…小さじ1　　　水…大さじ4

つくり方

❶ 鍋に5カップ（1000cc）の熱湯を沸かして、室温に戻した卵を静かに入れ、沸騰を続けながら6分ゆでる。

❷ 冷水にとって一気に冷やし、殻をむく。

❸ 小さめのジップ式の保存袋か保存容器2つにそれぞれ【たれA】【たれB】を入れ、卵を3個ずつ漬けて口を閉じる。冷蔵で1日以上置いて味をなじませる。

美味しい半熟のゆで卵をつくるには、熱湯に卵を入れるのがコツ。最初の1分ほど菜箸でかき混ぜると、黄身が白味の真ん中になる。強火で6分ゆで、冷水にとって一気に冷やすことで、黄身がトロッとする。

ゆでレバーのソース漬け

肝臓をいたわるスパイシーな常備おつまみ

ビール　焼酎　ハイボール　赤ワイン

材料　つくりやすい量

鶏レバー…300g（正味250g）
たまねぎ（2cm角に切る）…1/2個（100g）

たれ

水…1/3カップ
しょうゆ…大さじ2
ウスターソース…大さじ2
砂糖…大さじ1
サラダ油…大さじ1

つくり方

❶鶏レバーは流水でさっと洗い、たっぷりの冷水に10分程度つける。
　余分な脂肪を除き、4等分に切る。切りながら血液を除く。

❷小鍋に4カップ（800cc）の熱湯を沸かして❶を入れ、中火で3分ゆ
　で、ざるにとる。

❸その鍋をさっと洗い、【たれ】を入れて中火で煮立て、レバーとたま
　ねぎを加え、そのまま1分煮てすぐ火を止める。そのまま粗熱がと
　れるまで置き、保存容器に移す。冷蔵で1日以上置いて味をなじま
　せる。

鶏レバーは買ったその日に調理するのがポイント。さっと洗い、冷水に
漬けて、臭みを取り除くことは必須。1カップ程度の牛乳に漬けておい
ても臭みが除ける。

> コラム❽
> 「つくりおき」に使える保存容器

この3つがあれば完璧!

　疲れて帰って、とにかくすぐ飲みたいときに、つくりおきが何品かあると心強いですね。帰宅時間が遅ければ遅いほどその有難さは涙もの……です!

　それに、「つくりおきおかず」は、日を追うごとに塩分や香りがなじむので、お酒にぴったりの味になります。そこで、重要なのが保存容器。使いやすい保存容器を用意するのが、最高の「つくりおきおつまみ」をつくる第一歩なのです。

◉コンテナ・ジップ式の袋
購入しやすい手頃な保存容器がこれ。刻んだ野菜を入れてドレッシングを詰めてマリネにするのにも便利。使い捨てできる利点もあります。

◉耐熱ガラス、ガラス瓶
衛生的に長く使えるのはガラス容器。口のせまいガラス瓶は、ピクルスやオイル漬けに最適。耐熱容器はそのままレンジで温められるので便利。

◉ホーロー容器
冷蔵庫での温度管理もしやすく、衛生的。また、「"つくりおき"してるぞ!」という満足感も味わえます。

6章 酔っててもできる！"超"簡単おつまみ

アボカドゆかり

ひと手間でアボカドがおつまみに変わる

日本酒　焼酎　サワー

材料 1人分
アボカド…1/2個（80g）
Ⓐゆかり（小さじ1/2）＋練りわさび（小さじ1/2）

つくり方
❶アボカドは、スプーンで一口大にすくう。
❷❶にⒶを加えてざっくり和える。

ハムセロリ

清涼感ある味わいでもう一杯いける

ビール　白ワイン　ハイボール

材料 1人分
セロリ（斜め薄切り）…1/2本（50g）
生ハム（4等分に切る）…2〜3枚（20〜30g）
Ⓐ粒マスタード（小さじ2）＋オリーブ油（小さじ1）

つくり方
❶セロリは斜め薄切りにし、ハムは1cm幅に切る。
❷❶をⒶで和える。

オニスラもずく

こってりおつまみの口直しにピッタリ

　ビール　　日本酒　　白ワイン

材料　1人分

たまねぎ（薄切り）…1/4個（50g）
Ⓐもずく酢（1パック80g）＋ごま油（小さじ1）＋一味唐がらし（少々）
水菜…適宜

つくり方

❶たまねぎを器に盛る。
❷Ⓐを❶にかけ水菜を飾る。

水菜塩昆布

満腹だけど「もう一杯飲みたい」ときに最適

材料　1人分

水菜（4cm長さに切る）…50g
塩昆布…ふたつかみ（6g）
こしょう…少々
サラダ油…小さじ1

つくり方

❶水菜に塩昆布、こしょう、油を加える。
❷水菜がしんなりするまで手でもみ混ぜる。

焼きにんじんのおかかバター

にんじんを焼くだけで香ばしいおつまみに大変身

`赤ワイン` `ビール` `日本酒`

材料　1人分

にんじん（皮つきのまま8mm幅に切る）…1/2本（80g）
サラダ油…小さじ1
削り節…1/2袋（2.5g）
しょうゆ…小さじ1
バター…5g

つくり方

❶ フライパンに油を中火で熱し、にんじんを表裏2分ずつ焼く。
❷ 盛りつけ、削り節としょうゆ、バターを散らす。

ベーコン巻き

こってり旨いのに肝臓にやさしい

赤ワイン 白ワイン ビール サワー

材料 1人分

ベーコン…4枚（80g）　　　　プルーン（種なし）…2個（30g）
ミニトマト（ヘタをとる）…2粒　粒マスタード…適宜

つくり方

❶ ベーコンにプルーンとミニトマトをそれぞれ乗せ、端からくるくると巻き、楊枝で刺す。
❷ フライパンを中火で熱し、❶を入れ転がしながら、焼き色がつくまで焼く。
❸ マスタードを添える。

にんにくキャベツ

食べ始めたら止まらない超簡単おつまみ

ビール　サワー　焼酎

材料　1人分

キャベツ（5cm角程度にちぎる）…100g
にんにくのすりおろし（チューブ）…2cm
薄口しょうゆ…大さじ1/2
砂糖…ひとつまみ
ごま油…大さじ1
こしょう…少々

つくり方

❶ ちぎったキャベツをボウルに入れる。
❷ 調味料を順に加え、手でもみ混ぜる。

トマトとろろ

隠し味のわさびが絶妙の風味

`日本酒` `焼酎` `白ワイン`

材料 1人分

トマト（4〜6等分のくし切り）…1/2個（100g）
とろろ昆布…ひとつかみ
Ⓐしょうゆ（小さじ1）＋練りわさび（小さじ1/2）＋オリーブ油（小さじ1）

つくり方

❶とろろ昆布をほぐし、トマト1切れずつにざっと巻いて器に並べる。
❷Ⓐを順にかける。

納豆ディップ

あらゆるお酒に合う新しい野菜スティック

日本酒　ビール　焼酎　白ワイン

材料 1人分

お好みの野菜…きゅうり、パプリカなど

ディップ

ひきわり納豆…30g　　　　しょうゆ…小さじ 1

味噌…小さじ 1　　　　　　砂糖…小さじ 1/2

カレー粉…小さじ 1/2　　　サラダ油…小さじ 1

つくり方

❶【ディップ】を合わせてよく混ぜる。

❷野菜は棒状に切り、❶を添えて、つけながらいただく。

明太トースト

和洋素材でボリュームのあるおつまみに

ビール　サワー　ハイボール　焼酎

材料 1人分

食パン（8枚切り）…1枚　　　マヨネーズ…大さじ 1

明太子…20g　　　　　　　　ミックスチーズ…30g

万能ねぎ（小口切り）…1本（5g）

つくり方

❶パンを 3 等分に切り、マヨネーズを塗る。

❷❶にミックスチーズとちぎった明太子を乗せる。

❸オーブントースターでチーズが溶けるまで焼き、万能ねぎを散らす。

きゅうりの梅にんにく和え

"さっぱり味"なのにコクがある

日本酒　ビール　白ワイン

材料　1人分
きゅうり…1本（100g）

たれ
にんにくのすりおろし（チューブ）…2cm
梅干し（ちぎる）…1個（10g）　　ごま油…小さじ1/2

つくり方
❶きゅうりはヘラなどでつぶして、手で一口大に割る。
❷❶と【たれ】を和える。

ソーセージの腸詰風

ピリ辛ピザソースが抜群の味わい

焼酎　ビール　赤ワイン　ハイボール

材料　1人分

ソーセージ（斜め1cm幅に切る）…3本（60g）
きゅうり（斜め5mm幅の薄切り）…1/2本（50g）

ソース

ピザソース…大さじ2　　　ラー油…小さじ1/4

つくり方

❶ ソーセージは油を引かずにフライパンに並べ、中火にかける。カリカリになるまで表裏を焼く。

❷ きゅうりに❶を乗せ、【ソース】を添えていただく。

のりキムチ

キムチとチーズが絶妙の味わいを生む

`赤ワイン` `ビール` `焼酎`

材料　1人分

カマンベールチーズ…30g
キムチ…20g
朝食用焼きのり…適宜

つくり方

❶ チーズをちぎり、キムチと合わせよく混ぜる。
❷ のりを添え、❶を巻いていただく。

カマンベールチーズの替わりに、スライスチーズ（2枚）でもおいしい。

ザーサイ卵

ふわふわ卵にザーサイの旨味がたっぷり

焼酎　ビール　白ワイン

材料　1人分

卵…2個
塩、こしょう…少々
ごま油…大さじ1
砂糖…小さじ1
ザーサイ（ざく切り）…20g
香菜（ざく切り）…適宜

つくり方

❶卵を割りほぐし、砂糖、塩、こしょうを加える。
❷フライパンに油を中火で軽く熱し、ザーサイをさっと炒める。
❸❶の卵液を入れ強火にし、周りがひらひらと固まってきたら、周りから大きく混ぜ半熟状に仕上げる。器に盛り、香菜をちらす。

焼き鶏マヨ

たったひと手間で缶詰が見違える旨さに

日本酒　焼酎　ビール

材料 1人分

焼き鶏缶…1缶（85g）
長ねぎ（縦半分斜め薄切り）…1/4本（25g）
マヨネーズ…小さじ2
七味唐がらし…少々

つくり方

❶長ねぎを皿に盛る。
❷❶の上に焼き鶏缶を乗せ、マヨネーズと七味唐がらしをふる。

ソーセージのチリケチャ炒め

冷蔵庫のソーセージが絶品おつまみに

ビール　赤ワイン　焼酎

材料　1人分

ソーセージ…3本（60g）　　長ねぎ…1/2本（50g）
ごま油…大さじ1/2

たれ

ケチャップ…大さじ2　　一味唐がらし…5ふり

つくり方

❶ ソーセージと長ねぎは1.5cm幅に切る。

❷ フライパンに油を中火で熱し、❶を広げて1分焼き、2〜3分炒める。

❸【たれ】を加えて全体に味がなじむまで炒める。

**コラム❾
簡単アレンジ小つまみ**

大根おろし

「焼き魚のつけ合わせや単なる添えもの……」と思われがちな「大根おろし」ですが、これだけで立派なおつまみになります。なめこやいくらを加えれば美味しいのはもちろんですが、そんな上等な具材がなくても大丈夫です。

「大根おろし」にしょうゆや塩、ごま油をひとかけするだけで、ちょっとしたおつまみになりますし、のりやおかかなどの薬味をひとふりしても美味しい。さらに、刻んだ漬物、スライスチーズ、手軽なハムや缶詰など、驚くほど多くの素材と相性がよい"万能素材"なのです。

おろす手間は多少かかりますが、それを超えるメリットを返してくれるので、大根は常備しておくといいでしょう。「もう一品ほしいな……」というときには、大根さえあればなんとかなります。夏の辛味の強い大根も、お酒にピッタリです。

のり・わさび・しょうゆ

大根おろし（50g）に、ちぎった朝食用焼きのり1枚を混ぜ、しょうゆ（小さじ1/2）をかけ、練りわさびをのせる。

マヨ・辛子・万能ねぎ

大根おろし（50g）にマヨネーズ（小さじ1）を混ぜ、練りからし、万能ねぎ（小口切り）をそれぞれ少々を乗せる。お好みでしょうゆ（小さじ1/4）をかけていただく。

ザーサイ和え

大根おろし（50g）にザーサイ（10g）とごま油（小さじ1/2）を混ぜる。

カマンベールチーズ

　ワインを飲みたいときにピッタリのおつまみ。こだわりの専門店でなくても、コンビニで手軽に購入できます。適度な乳脂肪分がアルコールの吸収をゆっくりにしてくれるので、「呑みたい!!」という"はやる気持ち"を調整してくれるアイテムでもあります。

　しかも、クリーミィでほどよい塩分を含んでいますから、調味料しだいでワイン以外のお酒にも合わせられます。わさびしょうゆや味噌、梅干し、おかかしょうゆ、のりなどと組み合わせれば、日本酒や焼酎にもピッタリの味わいになります。

　あるいは、ジャムやこしょう、ドライフルーツ、ナッツなどと組み合わせれば、ワインはもちろんハイボールにも合います。さらに、電子レンジにかけたり、トースターで焼いて加熱すれば、ビールやハイボールとの相性もよくなります。ぜひ、カマンベールチーズの奥深さを楽しんでください。

わさび、味噌、梅干し…何でも合う"万能食材"！

明太のせ

カマンベールチーズ2切れ（約40g）に明太子（小さじ1）、カイワレ（少々）を乗せる。

味噌わさび

カマンベールチーズ2切れ（約40g）に味噌（小さじ1/2）と練りわさび（少々）を乗せる。

ジャムのせ

カマンベールチーズ2切れ（約40g）にママレードジャムを乗せ、あら挽き黒こしょうをふる。

ちくわ

　ちくわが冷蔵庫にあるだけで、もう安心。コンビニなどで調達もしやすく、塩分がしっかりしているうえに、歯ごたえがあるので、"おつまみ感"たっぷりの使い勝手のいい素材です。

　そのままでもいいですが、ちくわは切り方で"おつまみ度"が変わるおもしろい素材でもあります。縦に細く切ったり、ぶつ切りにしたり、薄切りにしたりして、刻んだ薬味と和えるだけで味にバリエーションが生まれます。

　マヨネーズやソース、梅干しやわさび、からしやしょうゆ、と何にでも合いますし、そこに薬味を組み合わせれば、ビールにも日本酒にも合う味わいに変化するので楽しめます。

　また、ちくわの中に、細く切ったきゅうり、チーズ、明太子を詰めるのも、定番ですね。これも、いろいろな素材と組み合わせができるので、飽きがこない楽しみ方です。

　さらに、油やバターでさっと炒めたり、青のりをふったり、カレー粉をまぶしていただくのも美味しいです。カリカリに焼き上げると"スナック感"も出ます。

あたりめ風マヨ七味

ちくわを縦4等分に切り、マヨネーズと七味唐がらし（適宜）を添える。

スパイシーカレー和え

ちくわ（1本）を縦横半分に切り、カレー粉（小さじ1/2）、粉チーズ（小さじ1）、サラダ油（小さじ1）で和える。

青のりごま油和え

ちくわ（1本）を斜め薄切りにし、ごま油（小さじ1/2）をからめ、青のり（適宜）をふる。

アンチョビ

　アンチョビも、鉄板のおつまみアイテムです。缶を開けたら、後の保存がなかなか扱いづらいので、2〜3回で使い切れるいろいろな楽しみ方を知っておくといいですね。

　かなり塩分と魚介の香りが強いので、バゲットトーストにしたり、ゆでたジャガイモやゆで卵にただのせるだけのシンプルな調理で、すぐにおつまみになります。にんにくと合わせると、"イタリアンなおつまみ"になるのも楽しい。大きくちぎったキャベツ、ぶつ切りのアスパラ、きのこなどの野菜とアンチョビとにんにくでさっと炒めるだけで"絶品おつまみ"になります。

　辛口の白ワインやビールにぴったりですが、もともとはイワシ。塩辛やくさやに似通った発酵臭と旨みがあるので、意外と日本酒にも合わせられる使い勝手のいい素材です。

アンチョビ＆バターのトースト

フランスパン2枚（3cm厚さ）にバター（5g）を塗り、アンチョビ（2切れ）を1切れずつちぎって乗せて、トーストする。

アンチョビマヨネーズ

ちぎったアンチョビ（2切れ）とマヨネーズ（大さじ1）で、ゆで野菜（またはゆで卵）にかける。

トマトのアンチョビオイルのせ

トマトの輪切り（100g）に、ちぎったアンチョビ（2切れ）を乗せ、オリーブオイル（小さじ1）とレモン（くし切り）を添える。

おつまみが旨いと、お酒も会話もすすむ。

まっすぐウチに帰って、
部屋着に着替えて、食卓でくつろぐ。
美味しいおつまみをつまみながら、
好きなお酒をクイっと飲むと、
身も心もほぐれますね。
そんなときに、家族とおしゃべりをするのは、
とっても大切なひととき。
嬉しいこと、悲しいこと、
心配なこと……。
振り返れば、その時々の話題が、
家族の歴史そのものです。

おわりに

『おつまみが晩ごはん！』のメニューのラインアップいかがでしたでしょうか？　お好みのおつまみはありましたか？

　友だちと一緒にお店で飲むお酒は、もちろん楽しいです。

　しかし、まっすぐおウチに帰って、自分でこしらえた料理をつまみながら、しみじみと飲むお酒は格別です。

　好きな音楽を聴いたり、好きな本を読んだり、家族との会話を楽しみながら、ゆったりとした気持ちで過ごすのは、「幸せ」そのものと言ってもいいかもしれません。そんな皆さんの「幸せ」に少しでもお役に立ちたいと思って、この本をつくりました。

　おつまみは実におもしろい料理です。

　というのは、無限と言ってよいほどのバリエーションが生まれるからです。お酒には、ビール、ワイン、日本酒、焼酎、ハイボールにサワーとさまざまな種類があり、それぞれが奥深い世界をもっています。

　焼酎ひとつとっても、米焼酎、麦焼酎、芋焼酎などがあり、しかも、産地やつくり手によって味わいに特徴があります。そのため、好きなお酒に出会って、それに合ったおつまみの味を追求するのは、"一生モノ"の楽しみになるかもしれません。

　そして、おつまみそのものも、素材の切り方や調味料の組合せ、温度やつまむタイミングなどで、味わいは無限に広がります。そうした好みや工夫が活かしやすいのがおつまみです。この本がきっかけとなって、そんな「食の楽しさ」に気づいていただければ、とても嬉しく思います。

　そういえば……。
　おつまみの妖精ツマミンは、あなたのそばに隠れているかもしれません。楽しくお酒を楽しんでいると、ついついツマミンも気を許して姿を現すこともあるそうです。ツマミンを目撃した人には幸運が訪れるそうですから、ぜひ、皆さまにもご家庭でくつろぎながらお酒を楽しんでいただきたいと願っています。

2018年1月　　小田真規子

小田真規子（おだ まきこ）

料理家・栄養士・フードディレクター。女子栄養大学短期大学部卒業後、料理家のアシスタントを経て、有限会社スタジオナッツ（www.studionuts.com）を設立。誰もが作りやすく、健康に配慮した、簡単でおいしい家庭料理をテーマに、『オレンジページ』『ESSE』などの生活雑誌や企業PR誌にオリジナルレシピを発表。家電、食品、調味料メーカーのメニュー開発、国内各地の産地・加工品の商品開発などもサポートしている。分かりやすいレシピが好評で、NHK「きょうの料理」「あさイチ」の料理コーナーに定期出演。『まいにち小鍋』『なんでも小鍋』（ダイヤモンド社）、『つくりおきおかずで朝つめるだけ！弁当』（扶桑社）、『料理のきほん練習帳』（高橋書店）、『ズボラーさんのたのしい朝ごはん』（文響社）など著書多数。

おつまみが晩ごはん！

2018年1月24日　第1刷発行

著　者──小田真規子
発行所──ダイヤモンド社
　　　　〒150-8409　東京都渋谷区神宮前6-12-17
　　　　http://www.diamond.co.jp/
　　　　電話／03・5778・7234（編集）　03・5778・7240（販売）

ブックデザイン──奥定泰之
製作進行──ダイヤモンド・グラフィック社
印刷───加藤文明社
製本───ブックアート
編集担当──田中　泰

Ⓒ2018 小田真規子
ISBN 978-4-478-10425-5

落丁・乱丁本はお手数ですが小社営業局宛にお送りください。送料小社負担にてお取替えいたします。但し、古書店で購入されたものについてはお取替えできません。
無断転載・複製を禁ず
Printed in Japan